PAPIERS

DE FAMILLE

*Afin de préserver ma mémoire
et celle de mon fils Edgar de toute compromission,
de toute négligence, à propos des apostasies
de la rue Spontini.*

Hippolyte RODRIGUES

Paris, 10 Octobre 1893.

PAPIERS

DE FAMILLE

Afin de préserver ma mémoire

et celle de mon fils Edgar de toute compromission,

de toute négligence, à propos des apostasies

de la rue Spontini.

Hippolyte RODRIGUES

Paris, 10 Octobre 1893.

Paris, le 1er Janvier 1888.

PREMIÈRE A MA PETITE-FILLE

Ma chère petite fille,

Je te souhaite de supporter avec honneur et dignité les joies et les douleurs, les misères et les fortunes de ton existence.

Je te souhaite aussi d'acquérir la fierté de la race incomparable dont tu sors.

Et, afin que tu comprennes l'importance de l'œuvre qu'elle a accomplie dans l'humanité et de la noblesse de sa résistance aux persécutions et aux calomnies des méchants et des ignorants, je te prie de lire et d'étudier avec soin et conscience la savante et libérale *Histoire des Juifs* de GRAETZ, dont je te remets les trois premiers volumes traduits en français.

Et lorsque tu voudras me donner une grande satisfaction, tu m'apporteras un résumé de chacun de ces trois volumes, résumé qui devra me prouver que tu en as compris l'élévation des idées et que tu as été touchée de la profondeur de son sentiment.

Je t'embrasse de tout mon cœur.

HIPPOLYTE **RODRIGUES.**

Paris, 13 Janvier 1888.

DEUXIÈME A MA PETITE-FILLE

La Bible te démontrera ce que l'humanité doit à la race israélite, et l'Histoire t'apprendra de quelle façon l'humanité lui a payé sa dette.

La Bible te racontera comment et par qui fut révélé et glorifié :

— Le Dieu moral et le Dieu unique ;

— Le Dieu des humbles et le Dieu des cœurs brisés ;

— Le Dieu paternel et le Dieu universel ;

— Comment et par qui fut proclamé le Décalogue, qui affirma le droit supérieur à la force.

Et l'Histoire t'apprendra que, conquis par les armées romaines, ce petit peuple israélite combattit pendant deux cents années pour recouvrer son indépendance, « toujours vaincu, jamais soumis », dit *Tacite;* puis, lorsque enfin il succomba, son vainqueur, irrité de sa longue résistance, le chassa de son territoire en répandant contre lui les injures et les calomnies les plus insensées ;

Affirmant même que c'était une tête d'âne qui était l'objet de son adoration (*Martial*, liv. XI — 94).

Et alors commença cette persécution sans exemple qui dura dix-sept siècles (dix-sept cents années) et qui fut subie avec un courage, une constance et un honneur à nul autre pareils.

Et, lorsque enfin la Révolution française délivra cette race de son douloureux esclavage immérité, elle se retrouva aussi intelligente, aussi industrieuse, aussi passionnée pour le bien que lorsqu'elle donnait au monde les éléments de cette civilisation qui venait de l'affranchir.

Hippolyte RODRIGUES.

TROISIÈME A MA PETITE-FILLE

Sans doute la Bible a parlé le langage du temps — et sans doute aussi la Bible, remaniée sous Esdras, n'a conservé les légendes de la *Genèse* qu'à l'état de point de départ élohiste de l'idée monothéiste :

Idée qui commençait sa lutte contre l'idolâtrie et contre le paganisme ;

Idée dont il est intéressant de saisir la manifestation éclatante par Moïse, la floraison par Samuel et son école des prophètes, la fructification par le *Deutéronome* sous Josias, et enfin le couronnement par Hillel, — lequel a dit : « *Ce que tu veux que l'on fasse pour toi, fais-le toi-même aux autres: c'est là toute la loi, le reste n'en est que le commentaire.* » (*Le Roi des Juifs,* chap. V.)

La Bible n'atteste qu'un seul dogme : l'existence d'un Dieu unique.

« L'organisation des mondes de la matière et de l'esprit ne pouvant être l'œuvre du hasard ou d'une force inconsciente, cette organisation atteste l'existence d'un organisateur.

« Et l'harmonie de la création atteste l'unité de l'organisateur. »

Cette démonstration est claire, simple, indiscutable.

Il n'existe pas de route pour aller au delà; donc toute autre affirmation n'est qu'un rêve de l'imagination, un rêve gnostique.

Hippolyte RODRIGUES.

Paris, le 4 février 1888.

QUATRIÈME A MA PETITE-FILLE

Jusqu'à la fin du dix-septième siècle la croyance aux miracles et aux sorciers était à peu près générale. La loi qui punissait de mort le crime de sorcellerie ne fut abolie, en France, que l'an 1695.

Et cependant Galilée (1564-1642) avait déjà détruit l'idée du surnaturel par le naturel, — c'est-à-dire par la démonstration des lois naturelles de la création.

Le mouvement de la Terre et l'immobilité du Soleil, prouvés d'après le système de Copernic, avaient réduit à néant l'idée du ciel, plafond de la terre, et fait apparaître sous forme d'étoiles des milliards de mondes gravitant, en un ordre parfait, au milieu d'un espace incommensurable.

Et dès lors l'explication des faits qui avaient frappé l'esprit des populations ignorantes se présentait naturellement aux yeux des esprits éclairés.

Et dès lors le miracle, — (effet contraire aux lois de la nature produit par une puissance surnaturelle),

— ne put être raisonnablement admis que par les ignorants, les pauvres d'esprit et les mystiques.

Buffon a dit : « Rien ne caractérise mieux un miracle que l'impossibilité d'en expliquer l'effet par des causes naturelles. »

« Il y a des miracles quand on y croit, ils disparaissent quand on n'y croit pas, » — a dit Lamennais.

« Le miracle et l'éducation sont deux mortels ennemis, » — a dit Michelet.

« Quelque recherche qu'on ait faite, jamais un miracle ne s'est produit là où il pouvait être observé et constaté, » — a dit Littré.

Il faut choisir entre la croyance au miracle et la croyance à la science. En effet, qui admet le miracle nie la science.

Le miracle ne fut jamais admis par nos docteurs comme article de foi.

Ceux dont parle la Bible se présentent sous cette forme afin d'impressionner plus vivement l'imagination de peuplades barbares, mais leur explication naturelle se trouve facilement.

« Moïse n'a jamais marché sur la rivière,
« Guéri de possédés, ressuscité des morts,
« Multiplié des pains, protégé l'adultère,
« Afin de prouver Dieu moral unique et fort.

(Apologues du Talmud, XXIX.)

Allons, ne cherche point dans la Bible un prétexte,

« Quand Moïse imita le prêtre égyptien,

« Il ajouta : je crois, car c'est l'esprit du texte,

« Tu le vois, Pharaon, le miracle n'est rien. »

(Apologues du Talmud, XV.)

Lorsque Rabbi Eliezer voulut prouver la vérité de sa doctrine au moyen d'un caroubier qui se déplaçait, d'une source qui remontait vers son cours et d'une muraille qui s'effondrait à son commandement, Josué se leva et dit :

« Ce sont des arguments qu'il nous faut et non des phénomènes.

« Les bateleurs et les magiciens d'Égypte simulaient des faits plus étonnants encore que ceux dont tu disposes, faudrait-il donc en conclure la vérité de leurs dieux de pierre ?

« Non, Eliezer, et c'est vainement qu'en de pareilles questions tu t'adresses à nos sens.

« Nos sens peuvent nous tromper et lorsqu'ils affirment ce que nie notre raison, ce que réprouve notre conscience, il faut rejeter la perception des sens et n'ajouter foi qu'à la raison unie à la conscience (1). »

Ainsi d'après le *Talmud*, dont le texte n'est pas

______

(1) *Exode*, chap. VII et VIII (Les miracles de Rabbi Eliézer, Talmud beba mezia, 596, trad. libre. H. Rodrigues, *Saint Pierre*, 353. *Apologues du Talmud*, apologue XV, page 174. — Apologue XXIX, page 117).

contestable, Josué dénonçait déjà le faiseur de miracles comme un séducteur et comme un imposteur.

Et Josué vivait quinze siècles avant l'abolition de la loi qui punissait de mort le crime de sorcellerie.

Quant aux miracles auxquels on peut assister tous les jours boulevard des Italiens chez Robert-Houdin, et chez les magnétiseurs qui possèdent des sujets bien dressés, — ce sont des tours de passe-passe.

HIPPOLYTE **RODRIGUES.**

Paris, le 18 février 1888.

CINQUIÈME A MA PETITE-FILLE

LES LEÇONS DE LA VIE

Le monde se divise en deux parts très distinctes. L'une court après la vérité, l'autre la fuit.

Les amants de la vérité veulent comprendre avant de croire, — examiner avant d'admettre, — peser le pour et le contre avant de conclure, — et s'enquérir des origines, des buts poursuivis, et de la délicatesse des moyens employés avant de témoigner en faveur d'une cause quelconque.

Les fauteurs de mensonges admettent sans examen, affirment les assertions sans base et les dénégations sans consistances.

Les uns, enfin, en appellent incessamment à leur bon sens, à leur raison et aux enseignements de la science, — et les autres à leurs préjugés, à leur imagination, et aux enseignements de Monsieur Josse.

La récompense des uns se trouve dans une fortification de leur âme qui les met à l'abri des imposteurs

de toute sorte ; — la punition des autres se trouve
dans une débilité progressive de leur cerveau, qui
les constitue des proies faciles aux charlatans, ce
qui est dire, de bonnes dupes.

Toutefois la vérité est presque toujours douloureuse à acquérir, douloureuse à enseigner, douloureuse à défendre — mais ses amertumes sont for-
tifiantes, ses douleurs sont nobles, et ses tristesses
sont toujours accompagnées de joies intérieures.

Celui à qui vous donnez la vérité, vous la reproche
comme une injustice, et celui à qui vous la refusez,
vous le reproche comme un mauvais procédé.

En résumé, chère petite-fille, je te recommande
l'amour de la vérité en toutes choses — tu la payeras
quelquefois très chèrement — jamais plus cher
qu'elle ne vaut.

Hippolyte RODRIGUES.

Errata. — *Ajouter aux sources de la quatrième lettre* :

Deutéronome, XVIII, 10, 11, 12. *Lévitique*, XIX, 31.

Cher Henry et chère Claire,

Venez à mon aide, je vous en prie, au sujet de ma petite-fille, en grand danger.

Fernande aura bientôt quinze ans ; nous vivons au milieu d'une famille ravagée par des renégats idiots et par des convertisseuses sans pudeur, et Fernande n'a encore reçu aucune instruction israélite.

Ce n'est pas seulement parce que notre religion est la plus sensée, la plus morale et la plus élevée, au point de vue de l'idée de Dieu.

Ce n'est pas seulement parce que nos ascendants ayant été martyrisés et calomniés pendant vingt siècles, il est indigne, il est déshonorant de se joindre à leurs persécuteurs et de clamer au milieu d'eux les fables, les blasphèmes et les anathèmes dont ils osent encore se servir, en dépit de la cri-

tîque historique qui a dévoilé toutes leurs tur-
pitudes.

C'est encore parce que le bonheur de Fernande
se trouve intimement lié à l'accomplissement de ses
devoirs de cœur vis-à-vis de ses frères israélites.
Et, en effet, lorsqu'une jeune fille israélite entre dans
une famille catholique, elle s'y trouve aussitôt en
position inférieure : on lui reproche toujours —
même sans le lui dire — d'avoir tué le bon Dieu,
et mille autres sottises de ce genre.

C'est pourquoi je m'adresse à vous pour que vous
m'aidiez à la préserver de telles humiliations ; pour
que vous obteniez de Louise que, dès son retour à
Paris, Fernande ne reprenne ses études qu'après
avoir consacré un mois au moins, tout entier, à
son instruction israélite, et qu'elle la continue
ensuite parallèlement à ses autres leçons.

Au reste je ne vous cache pas que je viens de
prendre des mesures sévères, afin que si son igno-
rance la conduisait à de telles ignominies, ceux
qui lui auraient servi de complices en tirent le
moins de profit possible.

J'entends que ma petite-fille n'épouse qu'un
israélite, et que tous ses enfants soient israélites.

Or je ne connais que Claire qui puisse exercer une
influence quelconque sur ma belle-fille et lui faire
comprendre qu'elle ne peut, sans de graves incon-
vénients, se dérober à ma demande.

Faites ce que vous jugerez à propos du contenu de
cette lettre; seulement, veuillez la garder en vos
mains, afin qu'elle serve plus tard d'explication à
ce que j'ai cru devoir faire.

J'embrasse du fond du cœur mon excellent neveu
Henry Gradis et sa chère femme Claire Gradis.

HIPPOLYTE RODRIGUES.

Mon cher neveu,

Il y a déjà une année, que Mlle Fernande m'ayant écrit une lettre irrespectueuse, j'ai rompu tous rapports avec elle et l'ai prévenue que je ne les reprendrais qu'après qu'elle aurait demandé *et obtenu* son pardon de cette rébellion.

Elle n'a rien demandé depuis, et, six mois après, sans m'en avoir prévenu, sans avoir entendu les observations, les remontrances que j'aurais pu lui adresser, elle a abjuré, elle a insulté à la mémoire de ses admirables aïeux, et elle s'est placée dans les rangs de ceux qui les ont persécutés et calomniés pendant dix-huit siècles.

Il ne m'est donc resté à ce moment qu'à me désintéresser d'une pareille renégate — ce que j'ai fait.

Aujourd'hui, je reçois une lettre d'elle, qui, sans me demander conseil, sans m'indiquer de qui elle a reçu des renseignements, me prévient de son mariage avec **M.** Blaque Lelair, dont je n'ai jamais

entendu parler, et me demande de lui servir de père
à cette occasion.

Je n'ai pas jugé à propos de répondre à cette
lettre, n'ayant ni à approuver ni à désapprouver ce
que je n'ai pas été à même de connaître et d'ap-
précier.

Ne voulant pas que ma conduite soit dénaturée,
je t'en avise afin que nul n'en ignore dans ce qui
me reste de famille, sachant très bien, d'ailleurs,
qu'on se passera parfaitement de mon consentement
comme de ma présence.

Ton oncle affectionné,

HIPPOLYTE **RODRIGUES.**

A Monsieur GRADIS,

1, rue de Condé,

à BORDEAUX.

Paris, le 19 Septembre 1893.

Mon cher Gradis,

Afin de préserver ma mémoire et celle de mon fils Edgar de toute compromission, de toute négligence à propos des apostasies de la rue Spontini, j'ai fait imprimer, afin de répandre dans la famille :

1° Ma lettre à Gradis en date du 10 octobre 1886 ;
2° Ma lettre à Gradis en date du 24 octobre 1888 ;
3° Ma lettre à Gradis en date du 26 août 1893 ;
4° La déclaration faite à Joublin sur les dernières volontés de mon fils Edgar ;

Et enfin les cinq lettres du 1ᵉʳ janvier, fin février 1888, imprimées et distribuées à leurs dates, à ma petite-fille et à ma famille.

Tout à toi de cœur.

HIPPOLYTE **RODRIGUES.**

Paris, le 20 Novembre 1892.

Monsieur,

Je vous confirme ce qui m'a été dit par Madame Edgar le lendemain du décès de son mari.

Vous m'aviez chargé de faire les démarches à la mairie pour la déclaration du décès. Je suis allé voir Madame Edgar pour lui demander les renseignements nécessaires.

Dans l'entretien qui a eu lieu entre elle et moi, Madame Edgar m'a déclaré qu'entre autres recommandations son mari lui avait fait celle de ne marier leur demoiselle qu'avec un Israélite, et je devais vous faire part de cette dernière volonté de votre fils.

Je me suis acquitté de cette mission auprès de vous à mon retour de la mairie.

Je vous prie, Monsieur, d'agréer l'expression de mon respectueux dévouement.

JOUBLIN.

RODRIGUES, Hippolyte, fils d'Isaac Rodrigues *Henriquès*, chef de la grande maison de banque de Bordeaux, — *les fils de* A. Rodrigues, — et d'Esther Gradis.

D'après la tradition, les familles Gradis et Rodrigues émigrèrent de la Palestine pendant l'insurrection de Barcokeba et d'Akiba (l'an 133) et s'établirent en Portugal, puis en Espagne, sous les Maures.

Chassées par l'inquisition et par Isabelle la Catholique en 1495, elles se réfugièrent à Bordeaux. Les Gradis en devinrent les célèbres armateurs, et les Rodrigues, les grands banquiers.

Les Gradis rendirent de tels services à la marine française sous Louis XV et sous Louis XVI que des titres de noblesse leur furent offerts par Louis XVI.

Et ces titres furent refusés par eux — ne pouvant, dirent-ils, prêter serment sur un évangile dont la croyance ne leur paraissait pas suffisamment monothéiste.

Hippolyte Rodrigues, né à Bordeaux, élevé à Paris, témoigna de bonne heure d'un goût très vif pour la littérature.

A l'âge de dix-huit ans, il avait déjà composé le roman de *Christiern,* dont le sujet traversait toute l'histoire de la Révolution française, et dont le héros représentait la beauté morale réunie à la laideur physique.

Rodrigues, obligé par des convenances de famille d'entrer dans les affaires, arrêta la publication de ce roman. Il devint, en 1840, agent de change près la Bourse de Paris ; il se retira en 1855, après une brillante carrière, et fut nommé agent de change honoraire.

Il reprit alors ses fortes études et publia :

En 1864, le 1ᵉʳ volume des *Trois Filles de la Bible*, in-8 ;

En 1865, le 2ᵉ volume, in-8 ;

En 1866, le 3ᵉ volume, in-8 ;

En 1867, les *Origines du sermon de la montagne*, in-8 ;

En 1868, la *Justice de Dieu*, in-8 ;

En 1869, le *Roi des Juifs*, in-8 ;

En 1871, *Saint Pierre*, in-8 ;

En 1873, *David Rizzio*, paroles et musique, grand opéra en 4 actes, gravé chez Baudon (inédit), in-8 ;

En 1875, *Saint Paul*, in-8 ;

En 1877, *David Rizzio*, édition avec les compléments, in-8 ;

En 1879, *Midraschim*, 1ʳᵉ édition, in-8 ;

En 1881, *Théâtre de Campeador*, in-8 ;

En 1883, *Apologues du Talmud*, mis en vers français, in-8 ;

En 1885, *Contes parisiens et philosophiques*, in-8;

Id. *Historiettes*, paroles et musique, in-8;

En 1886, *Apologues*, paroles et musique, in-8;

En 1887, *Marie Touchet, l'Insomnie*, in-8;

En 1888, *Charles IX*, in-8 ;

En 1889, *Romances sans paroles*, pour piano, in-folio ;

En 1889, *Théâtre imaginaire*, in-8;

En 1890, *Philippe II*, in-8;

Id. *Mélodies pour piano*, in-folio;

En 1891, *Légendes pour piano*, in-folio;

En 1892, le *Monde qui s'avance*, in-8;

En 1893, *Suzon ou les Ecoles des femmes*, in-8;

Id. le *Flirtage*, in-8.

Hippolyte Rodrigues appartient à la Société des gens de lettres et à la Société des compositeurs de musique.

DÉCLARATION

Monsieur Hippolyte RODRIGUES, agent de change honoraire, demeurant, 14, rue de la Victoire, interdit l'entrée de la maison qu'il habite, 14, rue de la Victoire, à Mademoiselle Fernande Rodrigues, fille de son fils Edgar Rodrigues, et à Madame Veuve Edgar Rodrigues, sa belle-fille.

Monsieur Émile Straus, avocat, mari de sa nièce Geneviève Halévy, a été chargé par lui de veiller à l'exécution de cette interdiction dans le cas où une maladie quelconque empêcherait Monsieur Rodrigues d'y veiller lui-même.

Monsieur Joublin, mon gérant, assistera Monsieur Straus dans cette mission.

Cette déclaration appuie et complète ma lettre en date du 2 mars 1887, adressée au prédécesseur de Me Pierre Delapalme, déposée dans ses archives.

Paris, six octobre 1893.

Hippolyte RODRIGUES.

Prière à Me Delapalme d'accuser réception de cette déclaration.